破译密码解读

方士娟 编著　丛书主编 周丽霞

古墓：打开古墓的机关

汕头大学出版社

图书在版编目（CIP）数据

古墓：打开古墓的机关 / 方士娟编著. -- 汕头：
汕头大学出版社，2015.3（2020.1重印）
（学科学魅力大探索 / 周丽霞主编）
ISBN 978-7-5658-1712-0

Ⅰ．①古… Ⅱ．①方… Ⅲ．①墓葬（考古）－世界－
青少年读物 Ⅳ．①K868.8-49

中国版本图书馆CIP数据核字(2015)第028215号

古墓：打开古墓的机关　　　GUMU: DAKAI GUMU DE JIGUAN

编　　著：方士娟
丛书主编：周丽霞
责任编辑：邹　峰
封面设计：大华文苑
责任技编：黄东生
出版发行：汕头大学出版社
　　　　　广东省汕头市大学路243号汕头大学校园内　邮政编码：515063
电　　话：0754-82904613
印　　刷：三河市燕春印务有限公司
开　　本：700mm×1000mm 1/16
印　　张：7
字　　数：50千字
版　　次：2015年3月第1版
印　　次：2020年1月第2次印刷
定　　价：29.80元
ISBN 978-7-5658-1712-0

前　言

　　科学是人类进步的第一推动力，而科学知识的学习则是实现这一推动的必由之路。在新的时代，社会的进步、科技的发展、人们生活水平的不断提高，为我们青少年的科学素质培养提供了新的契机。抓住这个契机，大力推广科学知识，传播科学精神，提高青少年的科学水平，是我们全社会的重要课题。

　　科学教育与学习，能够让广大青少年树立这样一个牢固的信念：科学总是在寻求、发现和了解世界的新现象，研究和掌握新规律，它是创造性的，它又是在不懈地追求真理，需要我们不断地努力探索。在未知的及已知的领域重新发现，才能创造崭新的天地，才能不断推进人类文明向前发展，才能从必然王国走向自由王国。

　　但是，我们生存世界的奥秘，几乎是无穷无尽，从太空到地球，从宇宙到海洋，真是无奇不有，怪事迭起，奥妙无穷，神秘莫测，许许多多的难解之谜简直不可思议，使我们对自己的生命现象和生存环境捉摸不透。破解这些谜团，有助于我们人类社会向更高层次不断迈进。

其实，宇宙世界的丰富多彩与无限魅力就在于那许许多多的难解之谜，使我们不得不密切关注和发出疑问。我们总是不断去认识它、探索它。虽然今天科学技术的发展日新月异，达到了很高程度，但对于那些奥秘还是难以圆满解答。尽管经过许许多多科学先驱不断奋斗，一个个奥秘不断解开，并推进了科学技术大发展，但随之又发现了许多新的奥秘，又不得不向新的问题发起挑战。

宇宙世界是无限的，科学探索也是无限的，我们只有不断拓展更加广阔的生存空间，破解更多奥秘现象，才能使之造福于我们人类，人类社会才能不断获得发展。

为了普及科学知识，激励广大青少年认识和探索宇宙世界的无穷奥妙，根据最新研究成果，特别编辑了这套《学科学魅力大探索》，主要包括真相研究、破译密码、科学成果、科技历史、地理发现等内容，具有很强系统性、科学性、可读性和新奇性。

本套作品知识全面、内容精炼、图文并茂，形象生动，能够培养我们的科学兴趣和爱好，达到普及科学知识的目的，具有很强的可读性、启发性和知识性，是我们广大青少年读者了解科技、增长知识、开阔视野、提高素质、激发探索和启迪智慧的良好科普读物。

目　录

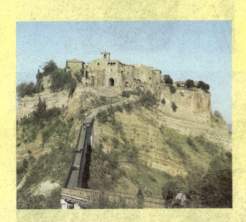

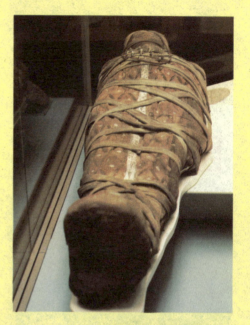

神秘的天主教地下墓穴

地下墓穴里的木乃伊

1599年，意大利西西里岛巴勒莫嘉布遣会的修士在一座修道院下发现了一些地下墓穴，在墓穴中有一些制作木乃伊的完整工具。于是，他们决定在刚刚去世的一名修士身上试试这种技术。

从那时起直到1880年这种行为被禁，制作木乃伊的风气一直在西西里岛上盛行。时至今日，人们还可以在当地看到身着各时期服饰的，腐烂程度不一的，高高悬挂着的尸体。

在这处天主教地下墓穴的墙壁上共悬挂陈列着8000具木乃伊，这些木乃伊的脖颈和脚被吊钩悬挂，穿着价值昂贵的衣服，头部下垂着，看上去就像在默默地祈祷。

这些木乃伊摆放姿态各不相同，比如两个儿童并排地坐在一把摇椅上。男人、女人、少女、儿童、僧侣和天主教徒都分别被陈列。

西西里岛人以这处地下墓穴为骄傲，经常有慕名而来的访问者向死者进行祈祷。

最后一个保存在这儿的尸体是一个小女孩，年龄仅有2岁，名叫罗莎利娅·洛姆芭尔多，尸体保存的时间是1920年。她是死于肺炎，由一位名叫阿尔佛雷德·撒拉菲亚的医生对小女孩儿进行了尸体保存，这位医生是当时唯一一位能够进行尸体防腐的天主教徒。

她的尸体保存得几乎完整无缺，从黑发碧眼到细致的眼睫毛都清晰可见。但是，除了小女孩的遗体，其他的遗体都有不同程度的腐烂。

高规格的埋葬方式

陈列的木乃伊是一种社会地位象征，这些木乃伊究竟是些什么人？他们是如何到这儿的呢？

原来，这处天主教地下墓穴的历史可追溯至16世纪，由当时的天主教徒挖掘而成。

第一位天主教徒木乃伊是西尔维斯特罗，他的尸体吸引了无数到访的参观者，来自各地区的人们看着他的尸体默默祈祷，对他表达一种由衷的崇敬。

虽然这个地下墓穴最初的计划是仅用于陈列已故的天主教修道士，但是很快意大利当地的富人和知名人士都对这个神圣的地下陵墓产生了兴趣，纷纷计划死后将尸体陈列于此，作为一种社会地位的象征。

事实上，许多当地名人都改变了传统的死亡埋葬方式，希望这处天主教地下墓穴成为自己的最终归宿。他们死后穿着特制的衣服，这些衣服每隔一段时间由死者家属捐款出资进行更换。

这种木乃伊处理使死者在死亡之后仍可以保留其尊贵身份和地位，尸体的外衣逐渐被更换为更时尚和更昂贵的布料。

据称，这处天主教地下墓穴还保存着西班牙著名画家委拉斯凯兹的尸体，但是其尸体具体位置尚无人知晓。

天主教堂向木乃伊提供布料衣物，并经常对木乃伊进行"美容"，同时，死者家属必须向天主教堂捐款，帮助教堂维护这个地下墓穴，而教堂则需保证家属对尸体陈列位置满意。如果死者家属停止支付捐款，这些木乃伊将从陈列位置移除，并放置在架子上直至其家属的捐款到位。

延 伸 阅 读

巴黎地下墓穴，又叫做巴黎地下隧道，大约距离地面20米，从中世纪开始挖掘，最初是地下采石场的通道。巴黎圣母院以及巴黎市区的石头建筑，大都是由巴黎地下挖掘的石头建造的。

地下墓室的神秘宝藏

首次发现墓室里的宝藏

在法国境内有36000座城堡，这些美丽的城堡大都是法国中世纪传统建筑。几百年来，每一座城堡的背后都隐藏着一段鲜为人知的秘密。雷恩堡宝藏就是在一个非常古老的城堡被发现的。

帕里斯是个老实巴交的大男孩，一天，他来到雷恩堡附近的一片山丘上放羊，因为睡着了而丢了一只老山羊，于是他赶紧四

处寻找。

他看见不远的山坡下面有个大裂缝，便疑惑地走了下去。地道里很幽暗，只能借着外面的一点光亮。

他发现这里到处是骷髅，吓得够呛，但是经过仔细辨认，他才发现原来里面并不都是骷髅，还有几个已分辨不出是什么颜色的大箱子。他仗着胆子掀开了箱子，发现里面竟然全是金币。

帕里斯将金币装满了自己的口袋，转身就往家里跑，一夜之间彻底改变了他和他父母的家庭状况。但是他的一夜暴富很快招来了雷恩堡人的议论纷纷，甚至有人到地方官员那里去告发了他。

由于帕里斯始终不肯透露这些金币的真正来历，最终以莫须有的盗窃罪冤死于狱中。这个倔强的孩子到死也没有说出那个地下墓穴的秘密。

众人推测金币的隐藏者

那个地下墓穴到底有多少金币？经过后人的考证，那是一笔多达1850万枚金币的巨大财富，1914年这笔钱相当于180亿法郎。这么大的一座"金山"，它们到底是谁的呢？在法国人近百年的众说纷纭中，大致有三种说法比较集中。

有的历史学家们认为，这笔巨宝是1250年法国摄政王后布朗施·德·卡斯蒂耶隐藏的，它们至少已有700多年的历史。王后为什么要把这笔宝藏藏在雷恩堡呢？

有人推测，1250年2月，由于不堪贵族主的压榨和国王赋税的负担，由牧羊人、农奴和城市贫民发动的一场武装暴动曾一度席卷了法国的北部和中部。

　　为了躲避暴动的冲击，卡斯蒂耶王后带人来到了雷恩堡。摄政王后决定把雷恩堡作为临时的"道府"，把这笔国库巨宝隐藏在当年称之为"城堡主塔"底下的一个秘密地点，以作为她需要时的储备金。摄政王后死于1252年，临终前她把这桩秘密告诉了她的儿子路易九世。

　　1270年7月初，路易九世率军在突尼斯登陆，起初连连获胜，占领了迦太基。此后其军队遭瘟疫袭击，他本人也被鼠疫夺去了性命。临终前，他把这个秘密连同一卷羊皮纸一起传给了他的继承人。随后，腓力三世十分警惕地守卫着这笔巨宝，他除了保留着那卷羊皮纸之外，还把知情者全部秘密处死。

　　然而，还没等他来得及享受这笔财富，就在斯奥米加斯战役后的回国途中突然死于热病。

　　也有人认为，这笔巨宝不一定就是圣路易国王的母亲所隐藏，而可能是法国古代一个叫阿拉里克的国王的财宝。阿拉里克国王的首都当年也设在雷恩堡，据说这个国王骁勇善战，从征战中夺取了不少财宝。但这一说法缺乏证据，因为这个墓穴是按照卡斯蒂耶的羊皮纸上的铭文找到的，金币铸造的时间是1250年以前，而不是古代的货币。

　　还有人认为，这也许是中世纪法国的异端教派纯洁派的财宝，因为雷恩堡曾经是纯洁派的主要据点之一。

　　据历史记载，该派教徒生活很俭朴，却积累了不少财宝，并

习惯把财宝埋藏起来以做应急之用。这笔宝藏，可能就是"纯洁派"积累和隐藏起来的应急财富。但后来由于某种不为人知的原因，知道底细的财宝守护者失去了传承，遂使宝藏失落在历史的长河之中。从此，这笔巨宝的真正下落就成了历史谜案。

宝藏再次被发现

200多年的岁月抹去了帕里斯和这笔财宝所有的痕迹。雷恩堡似乎什么事情都没有发生过。

1892年，一个极偶然的机会，又使雷恩堡教堂神甫贝朗热·索尼埃跨入了神秘的地下古墓，从而使雷恩堡引来了全法国关注的目光。

贝朗热·索尼埃于1885年被任命为雷恩堡教堂神甫。他十分虔诚，乐善好施，不久便赢得了当地人的尊敬，也得到了年轻美丽的玛丽·德纳多的芳心。

1892年，神甫得到了一笔2400法郎的市政贷款，用以修缮他的教堂和正祭台。神甫在修缮教堂的屋顶时得到一卷陈旧的羊皮纸，纸上写着一些带拉丁文的古法文。

经过努力，神甫终于领悟到羊皮纸上写的是有关法国女王隐藏的一笔1850万枚金币巨宝的秘密。索尼埃在返回雷恩堡后首先在教堂寻找，但是并没有发现任何痕迹。

后来漂亮的玛丽在公墓中看到从奥特布尔·白朗施福尔伯爵夫人墓上掉下的一块墓志，上面还刻着一些奇特的铭文，而且这些铭文竟与羊皮纸上的文字极为一致。难道宝藏就藏在那座古墓底下？

神甫在玛丽的协助下，终于从伯爵夫人的墓志铭中得到启示，在一个被称之为"城堡"的墓地底下发现了一条地道。他们穿过地道，终于走进了一座神秘的地下墓穴，发现了里面的金币、首饰以及其他贵重物品。

于是神甫和玛丽从地下墓室中取出不少金币和首饰，之后封闭了墓穴。到了1893年，索尼埃神甫已经

成了腰缠十万贯的富翁。神甫这种突如其来的巨变，令所有人瞠目结舌，很快引来人们的各种猜疑。最后，法庭宣布停止索尼埃的神甫任职。

1917年1月5日，索尼埃被肝硬化夺走了生命。此后，那个古墓地秘密就只有玛丽一个人知晓了。1946年，温柔的诺尔·科比先生赢得了玛丽的信任和友情。一向守口如瓶的玛丽对科比说："您无需担忧，将来你也会有花不完的钱。我临终前会告您一个秘密。"

但不幸的是，1953年1月18日，玛丽突然病倒，然后带着她心中的藏宝秘密离开了世界。科比先生没能知道这个秘密，因为当年索尼埃和玛丽之所以能找到那座墓室，靠的是指点迷津的羊皮纸和墓石上刻的铭文，当这两条线索都再次被人消除之后，后来者又靠什么去寻找呢？

延 伸 阅 读

2007年，英国梯塞德一个农场发现了盎格鲁-撒克逊时期的一处皇家墓地，考古学者在墓中发现了保存完好的金银珠宝，以及金制的首饰、盘子、金丝装饰的工艺品和剑。其历史可以追溯至7世纪。

古墓里的长明灯

古墓中的长明灯

　　古墓往往与世隔绝，这样才能使宝物历经千年仍保存得相当完好。但是世界各地都有盗墓者，他们千方百计到古墓中去偷窃埋藏了千百年的金银珠宝。在这些终年不见天日的古墓中，盗墓者有时却惊恐地发现，在一些古墓的拱顶上，一盏明灯投射着幽幽的光芒。

527年，叙利亚正处于东罗马帝国的统治下，当时在叙利亚境内的东罗马士兵曾在一个古墓的壁龛里发现一盏亮着的灯。这盏灯被精巧的罩子罩着，罩子似乎是用来挡风的。

根据当时发现的铭文得知，这盏灯是在公元27年被点亮的。士兵们发现它时，这盏灯已经持续燃烧了500年。令人感到可惜的是，这些士兵很快毁坏了它，于是这盏神秘灯的原理也就无法再研究了。

一位希腊历史学家曾记录了在埃及太阳神庙门上燃烧着的一盏灯。这盏灯不用任何燃料，亮了几个世纪，无论刮风下雨，它都不会熄灭。据罗马神学家圣·奥古斯丁描述，埃及维纳斯神庙也有一盏类似的灯，也是风吹不熄，雨浇不灭。

1400年，人们发现古罗马国王之子派勒斯的坟墓里也燃着这样一盏灯，这盏灯已经持续燃烧了2000多年。风和水都对它无可奈何，可是一旦抽走灯碗里那奇怪的液体，这盏灯便熄灭了。难道这就是神话中的阿拉丁神灯吗？

1534年，英国国王亨利八世的军队冲进了英国教堂，解散了宗教团体，挖掘和抢劫了许多坟墓。他们在约克郡挖掘罗马皇帝康斯坦丁之父的坟墓时，发现了一盏还在燃烧的灯，康斯坦丁之父死于300年，这意味着这盏灯燃烧了1200年！

1540年，罗马教皇保罗三世在罗马的亚壁古道旁边的坟墓里发现了一盏燃烧的灯。这个坟墓据说是古罗马政治家西塞罗女儿之墓，西塞罗的女儿死于公元前44年。由此推算，这盏灯已经在这个封闭的拱形坟墓里燃烧了1584年。

这些长明灯只不过是全世界所有发现中的几例。考古记录显示，这种古庙灯光或古墓灯光的现象在世界各地都有发现，例如印度、中国、埃及等许多拥有古老文明的国家和地区，就连意大利、英国、爱尔兰和法国等地也出现过。

在中国曾有过关于长明灯的记载。《史记》中记载在秦始皇陵墓中就安置有长明灯。中国人有"视死如视生"的传统，人死后的陵墓也对应称作阴宅。君王尤其重视陵墓，对于死后的居所，他们也希望像生前的宫殿一样灯火辉煌，因此也就有了长明灯。

一种长明灯是双层结构，里面的一个容器内装灯油，灯芯用醋炮制，外层装水，用以冷却灯油。这是个伟大的发明，因为油灯消耗的油主要不是燃烧，而是受热挥发，醋泡过的灯芯能保持低温，油坛外面的水也可以有效阻止油温上升，但是长明终究是理想中的愿望。

考古学家在发掘北京定陵时发现，陵墓正殿有一口青瓷大缸，内盛蜡质灯油，还有一个灯芯。也许这就是长明灯，但是因为密闭的陵墓中缺少燃烧所需要的空气，所以这盏灯在陵墓封闭后不长时间就熄灭了。

被毁坏的长明灯

为什么如此神奇的长明灯没有保留到今天？是古代人对所发现的长明灯不够重视吗？其实古代人的确保存过这些神灯，但是奇怪的是，这些灯一旦现身，就会以某种方式很快被毁坏掉，例如被野蛮的掠夺者和挖掘者毁坏。难道古人在利用某种魔咒来保守他们的技术秘密？

17世纪中期，在法国的格勒诺布尔，一位叫杜·普瑞兹的瑞士士兵偶然发现了一个古墓的入口。当这个年轻人费尽九牛二虎之力进入古墓后，他并没有发现任何他想要的金银珠宝。

不过，让他更惊讶的是在这与世隔绝的坟墓中，竟然还有一盏正在燃烧的装在玻璃罩中的灯。惊异之余，他把这盏神秘的灯送给了修道院，修道院里的僧侣们同样目瞪口呆，这盏灯至少已经燃烧了千年。他们像宝贝一样保存着它，可惜的是，几个月后一位老僧侣不小心摔碎了它。

另一件趣事发生在英格兰，一个神秘的不同寻常的坟墓被打开了，打开这个坟墓的人发现，在坟墓拱顶上悬挂着一盏灯，照亮了整个坟墓。当这个人往前走时，地板的一部分随着他的走动在颤动。突然，一个身着盔甲，原本固定的雕像开始移动，举着手中的某种武器，移动到灯附近，伸出手中的武器击毁了这盏灯。这个宝贵的灯就这样被毁坏了。

长明灯的存在之谜

古人的目的一次又一次地达到了，灯的奥秘被严密地保守着，再也没有后人知道。这种不寻常的灯代表着远古的高科技吗？我们的祖先如何发明出这些永不熄灭的灯？

不熄之火最早出现在各种神话故事中。据说这种不熄的火光是天宫之火，是普罗米修斯把它偷偷带给了人类。总之，人类由于机缘凑巧，知道了这个秘密。也许是某位先哲把它传给了人类，就像神农氏教会了人类种植农作物，有巢氏教会了人类建造住所。根据古埃及、希腊和罗马等地的风俗，死亡的人也需要灯光驱逐黑暗，照亮道路。因此，在坟墓被密封前，习惯于放一盏灯在里面，而富贵荣华之家就要奢侈一些，放上一盏不熄的灯，永远为死者照明。

制造不熄的灯，古人是否轻车熟路？其实并非如此，一般平民的墓穴里都没有这种灯。不过，并不富贵奢华的古代炼金术士的墓穴里也会出现这种灯。

1610年，一位叫洛斯克鲁兹的炼金术士的坟墓在他死后120年被挖掘开，人们发现里面也亮着这样一盏不熄的灯。于是人们怀疑古时的炼金术士和铸工懂得制

造这种长明灯的技术。难道不熄的灯光与金属有关？

一部分人认为，世界各国有关长明灯的记录足以让人肯定，确实存在这样一种不熄的灯，或者可以长久燃烧的灯，只是技术失传，我们现在的人理解不了。

另一部分人则认为，虽然有那么多有关长明灯的记录，但现实中并没有一盏长明灯摆在众目睽睽之下，而且这种灯的能源问题严重违背能量守恒定律，因此这种不熄的灯应该不存在。还有许多人认为，这也许是古人在书中开的一种聪明的玩笑。

如果长明灯真的存在，那么它们的能量来源是什么？或者它们并不是永久长明的，但千百年长久地燃烧，若是普通的煤油灯，就要耗费上万升的煤油。难道它们的燃料是能够不断补充的？

中世纪以后，许多思想家曾经试图用补充燃料的方式制造一盏长明灯，即在燃料将耗尽时，快速补充燃料。但是没有一个实验成功过。即使利用现代的燃料连续补充技术，制造一个千百年长明的灯，也不太现实。

　　还有一些人大胆推测，这种灯就是使用电的灯，灯碗里那看似燃料的液体可能就是用来导电的汞，所以"燃料"看起来永不见少，这种用电的灯也不会怕风吹雨打。如果神灯真的是用电能点亮，那么电能是如何产生的？难道庙宇或古墓中安装有能够发电的机器吗？要做到一劳永逸地不断供应电能，只有太阳能发电可以做到。

延　伸　阅　读

　　13世纪，一个叫杰彻利的法国人拥有一盏灯，没有任何油或灯芯。通常灯被放置在他房间的前廊，他发明的一种放电按钮，能够放出一股电流到门上的铁把手，当他按下按钮时，蓝色火花就会突然冒出来。

刘备墓的神秘面纱

认为刘备葬于成都武侯祠

223年，刘备攻打东吴时遭到城亭大败，退回白帝城后一命归天。刘备死后葬身何处？到现在仍是一个未解之谜。

史书记载刘备攻打吴国失败后，退到了白帝城，于223年4月病逝。5月，诸葛亮扶灵柩回成都，8月下葬。人们根据史料的记载，认为刘备的墓葬就在成都武侯祠。因为上述的史料来源于陈寿的《三国志》，陈寿是蜀汉的观阁令史，在蜀汉生活了30多

年，他必定知道刘备的葬处。

刘备死后，尸体由奉节运回成都，后与吴夫人合葬于惠陵，今武侯祠内。现在，武侯祠内确实还有刘备墓的建筑。过去杂草丛生的墓地被泥土夯筑得更高了，墓上种满了小小的翠柏，墓地周围也被青石条围护了一米多高，更是皇家尊贵气派。

武侯祠博物馆的人在一次植树时，意外地在刘备墓的封土边缘挖掘的树坑中发现了许多蜀汉时期的砖。这些砖位于刘备墓的封土边缘约3米的深处。砖的颜色与泥土近似，但质地很坚硬，砖的一侧长边上镂刻着花纹，与成都平原常见的东汉砖非常近似，是当时专为修建墓室烧制的。这些也都从侧面证明了《三国志》等历史文献中关于惠陵与刘备墓在成都的记载的可靠性。

认为刘备墓在四川彭山莲花坝

持这种观点的人首先驳斥了《三国志》等历史文献关于刘备

尸体运回成都的记载。刘备死于农历的四月，对于四川来说，这是烈日炎炎、气温极高的夏天。当时的交通很不方便，从白帝城、奉节到成都全是逆行而上的水路和崎岖的山路，仅单行也得需要30多天时间。如果花这么长的时间把刘备的尸体运到成都，按当时的尸体保存技术，要使尸体不会腐烂是完全不可能的。

因此专家们一致认为，死在夏天的刘备，他的尸体不可能经过30天还不腐烂，也就是说诸葛亮根本不可能拉着臭气熏天的刘备尸体，经过长达3个多月的跋涉，把刘备安葬在成都。

基于上述分析，有的专家认为地处彭山脚下的莲花村才是刘备的葬身之地，而成都的武侯祠只是刘备的"衣冠冢"。牧马山、彭山依山傍水，是古人墓葬的最佳选择之地，因此这里有5000多座汉代崖墓。尽管如此，这些墓葬的地理位置也不能与莲花村的皇坟相比。牧马乡的莲花村自古就有皇坟的传说，这里的皇坟面积有66667平方米，附近的农民说，他们村里有80%的人家都姓刘，并且一代传一代，都说皇坟里躺着的是刘备。

认为刘备墓在四川奉节

因为没有很好的尸体保护技术，刘备的尸体不能运到成都安葬，而彭山莲花村离成都骑马也就半天的时间，难道刘备的尸体运到莲花村就不会腐烂吗？这个无法解答的疑问又使人们想到了传说中刘备埋葬四川省奉节县的说法。刘备是一个乱世之君，为了防止盗墓，刘备出殡时是四路同时进行，目的是迷惑那些企图盗墓的人。

郭沫若1961年在奉节考察时认为：刘备死在气温极高的夏天，当时交通很不方便，从奉节到成都逆水而上至少也要30多天时间，以当时的技术条件，尸体肯定会腐坏。因此他认为，刘备墓在奉节的可能性比较大。

1982年，安徽物理探测所发现夔州宾馆地下有18米的空洞，并有金属反应，推测是金属随葬品。南宋学士任渊所作《重修先主庙记》中也说，成都惠陵只是弓箭墓，不是真墓。

刘备到底身葬何处？只有通过考古发掘才能证实，所以这个问题还是一个没有答案的谜。

延 伸 阅 读

刘备和甘夫人感情甚笃，从刘备的性格和当时的心境来看，他极有可能留下和甘夫人合葬的遗诏。但这只是猜测而已，要使这个学术界和旅游界争论多年的悬念云开雾散，唯一的办法就是发掘刘备墓。

陵墙之外的清昭西陵

昭西陵之谜

　　清东陵位于北京东遵化市马兰峪，距北京125千米。这座大清国皇陵始建于1661年，共有帝、后、妃陵寝14座，其中皇帝陵5座。在这块"风水宝地"，修砌了一圈长达20千米的风水墙，与长城之北几百平方千米的"后龙"风水禁地共同构成整个陵区。

然而，清东陵所有的帝后寿宫均在风水墙圈内，唯独有一座皇后陵寝，即昭西陵，建在陵墙之外，这是为何呢？

昭西陵在陵墙外的原因

按清朝祖制家法，孝庄文皇后和她的姑母端庄文皇后，即皇太极的皇后，一样归葬沈阳的昭陵，与太宗皇太极合葬方为正理。

可是孝庄文皇后在几十年中用心血培养抚育起来的儿子顺治帝的孝陵和孙子康熙帝的墓陵都建在了遵化的昌瑞山下，远离儿孙，她实在难割难舍，况且古代又有"尊者先葬，卑者不得入"的说法。

因此她在临终前给康熙帝留下了这样的遗言："太宗文皇帝梓宫安奉已久，不可为我轻动，况我心恋汝父子，不忍远去，务于孝陵近地安厝，则我心无憾矣。"

康熙帝是大孝之人，他既不敢破坏祖制，也不愿违背祖母的遗命，因此他想了一个折中的办法，决定在孝陵之南大红门外东侧建一座暂安奉殿，把祖母的梓宫停放在内。

这一停就是37年之久，康熙帝终生未能解决祖母的陵寝问题，1725年，雍正帝将暂安奉殿改建为陵，命名为昭西陵，于1725年12月将孝庄文皇后梓宫正式葬入昭西陵地宫。

孝庄文皇后是皇太极的皇后，她的陵叫昭西陵，从这个陵名上就可以知道这座陵与沈阳的昭陵是属于同一体系，与清东陵是两个体系，所以必须建在东陵的风水墙外，以示区分。

专家还认为，昭西陵建在风水墙外是有一定道理的，因为风水墙内，顺治皇帝已经占据了至高无上的位置，作为母亲的孝庄

葬在任何一个地方，地位都会低于她的儿子，所以建在风水墙外是比较合适的。

　　一个女人，一个昭西陵，给后人留下了多少说不完的故事，解不开的谜。

延 伸 阅 读

　　摄政王，即代替或代表出国的、年幼的、生病的或神志不清的君主行使国家领导权的人，通常由君主的亲族或戚族担任。如我国清世祖时睿亲王多尔衮摄政，宣统时醇亲王载沣摄政。英国还制订有专门的摄政法。

让人生疑的香妃墓

香妃是容妃吗

香妃，是新疆回部叛乱首领霍集占的王妃，长得天姿国色，生来身上就有一股奇香，不需香草、香汤熏洗，所以人们都称她"香妃"。清朝乾隆皇帝倾心于她的美貌，令她入宫为妃，但香妃对乾隆是宁死不从，最后被皇太后赐死。

乾隆闻讯后十分悲痛，随即下令，用软轿将香妃遗体抬回新

疆喀什安葬。

一些专家查阅了清宫档案之后认为，传说中的香妃，实际上是乾隆的宠妃，也就是容妃，她是乾隆40多个嫔妃中唯一的维吾尔族女子。也有人认为，容妃是容妃，香妃是香妃，两者风马牛不相及。

香妃墓地在哪里

在新疆喀什噶尔东北郊的伊斯兰墓群中有一座香妃墓。墓旁还停放着一架"驮轿"，传说就是当年把香妃尸体运回故乡安葬的灵轿。人们相信，美丽贞烈的香妃就埋葬在这里。

河北遵化县马兰峪清东陵裕妃园寝中，有一座容妃墓。1979年10月被发掘，地宫有两个券堂组成，均为拱券石结构。在金券的宝床上，停放一红漆棺木，棺帮为盗墓人砍开一大洞，棺中已空，棺头正中有数行回文文字，意为"以真主的名义……"

棺木西侧有一具头骨，西北角又有一根0.85米长的花白发辫、青缎衬帽、包头青纱等，还有一些龙袍残片和几件织物，织物上织有"江南织造臣成善"字样，墓中还存有如意、荷包、宝石、猫眼石等。

棺头文字表明墓主为伊斯兰教信徒，龙袍和猫眼石等证明其身份为妃子，由花白发辫推断死者为55岁左右，织物上"成善"皆为乾隆五十三年的织造官。

在北京城南陶然亭的东北角也有一座大冢，碑面刻着"香冢"两个字，碑的背面，刻着一首哀婉凄切的词。有人认为，这才是真正的香妃墓，是在乾隆的授意下安葬在这里的，为的是他

能随时凭吊。

　　如今留给人们猜测、凭吊的就是这样3座墓地，至于谁是真正的"香妃"的归宿之地，却仍然是一个不解之谜。

延 伸 阅 读

　　香妃本名买木热·艾孜姆，自幼体有异香，被称为"伊帕尔罕"，即香姑娘。她被清朝皇帝选为妃子，赐号"香妃"。其实"香妃"确有其人，与发动"大小霍加之乱"的波罗尼都兄弟是堂兄妹，是阿帕克霍加的重侄孙女。

难辨真假的曹雪芹墓

青年李景柱发现墓志

1968年冬，在北京通州张家湾村，人们正在进行平整土地的大会战。该村青年李景柱在无主墓地的地下一米处发现一块长1米，宽0.4米，厚0.15米的青色基石。李景柱见石上刻有"曹公讳墓"字样，右下角还有"壬午"两个字，便想这可能是曹雪芹的

墓志。

　　1991年，张家湾镇政府拟建公园，立碑林，李景柱将墓志无偿献出，立即引起了红学界巨大的轰动和关注。

红学界人士的争论

　　文物鉴定家秦公认为，这石碑可能是伪造的。他的理由是：石碑的用石不合理，没有一个平面，说明原来不是用来作为石碑的；字在碑石上的位置不妥当，墓志的最后一笔十分接近下缘；文法不合理，碑上不应称"公"，而应称"群"，如称公，应称其字；落款也不合理，应有立碑人等。

　　红学家杜景华则断定石碑不是伪造的。他说："石碑出土于1968年，那时没有必要伪造一块曹雪芹的墓碑。"

　　他还认为，曹雪芹死于壬午，是"新红学派"创始人胡适和俞平伯的说法。但大多数红学家持"癸未"说。如果石碑是伪造的，那碑上为什么不落款"癸未"，以迎合大多数人的观点呢？他还推测，曹雪芹死前家境非常艰难。被债主们逼得没办法，曹雪芹躲到张家湾昔日曹府的一个仆人家，可没想到竟死在仆人家。仆人草草将他埋掉，并草草为他刻了这么个碑。

墓石引发红学大地震

据介绍，著名文物鉴定专家傅大卣曾亲自来鉴定此墓石的真伪，他认为这块石头是真的。然而，部分红学界的知名学者却表示不能苟同。

其中，周汝昌从墓石字体"不合乾隆年间书体"等几个疑点入手，力证墓石是伪造的。

红学会副会长蔡义江全面否定了曹雪芹葬在张家湾的可能

性。他认为，根据文字史料，曹雪芹只可能死于西郊，不可能死于东郊。还有很多红学家提出自己的看法。究竟这墓石是否是为曹雪芹立的，学术界还在争议中。

延 伸 阅 读

墓石出土于1968年秋。1969年，墓石发现者李景柱盖房时，把它当做了东房山墙的基石。1991年，李景柱家再次翻建房屋时，才把这块墓石又找了出来。在这段时间内，没有往墓石上刻字作伪的可能。

秦良玉真墓之谜

我国古代巾帼英雄

秦良玉，字贞素，明万历二年，即1574年出生于四川忠州（现重庆市忠县）。秦良玉是一位苗族姑娘，她的家族虽因深受汉文化的影响，却仍保持着苗族强悍崇武的特点。

她是明朝末年战功卓著的女性军事统帅、民族英雄、军事家。曾率"白杆兵"参加平播、援辽、平奢、勤王、抗清、讨逆张献忠诸役。累功至大明柱国光禄大夫、太子太保、太子太傅、少保、四川招讨使、中军都督府左都督、镇东将军、四川总兵官、忠贞侯、一品诰命夫人。死后南明朝廷追谥曰"忠贞"。

秦良玉是古代唯一登录我国正史的女将军，和她的传奇人生一样，她死后的墓葬也具有神秘的传奇色彩，在渝东一带流传着秦良玉死后，同时发了48道丧、分别葬在48个地方的48座陵墓。为此，巾帼英雄良玉陵就显得扑朔迷离，其真墓到底在哪里？

秦良玉东墓

秦良玉东墓相传是秦良玉48座墓之一，也是秦良玉主墓。墓碑上刻有"秦良玉之墓"5个大字，旁边则刻有"明上柱国光禄大夫镇守四川等处地方提督汉土官兵总兵官挂镇东将军印中军都督府左都督太子太保忠贞侯"铭文。

秦良玉东墓的特点是：仿朱元璋明孝陵而建，神道曲折幽

深。朱元璋成就帝业之路曲折而艰辛，认为进入天堂之路也是如此，故陵前神道曲曲折折；朱元璋驾崩后发丧24道，秦良玉发丧48道，主要用于官方祭祀。

秦良玉西墓

秦良玉西墓主碑上刻有"马母秦氏贞素之墓"。两旁则分别刻"明万历二年甲戌岁吉诞"、"卒于清顺治五年戊子岁"、"孝男 马祥麟立"等铭文。

它的特点是：此墓亦是秦良玉去世后发48道丧建墓之一，为马氏家族祭奠之墓。因当时封建等级制度森严，故将东墓设为官墓专用于政府官员祭祀，西墓设为私墓用于家族祭祀。

秦良玉真墓之谜

其实秦良玉真陵就在四川省重庆市石柱县城之北的三教寺山冈上，此推论有如下依据：

第一，遵循我国古代"左青龙，右白虎，前朱雀，后玄武"的风水理论，秦良玉陵正好符合这一理想要求。秦良玉所在的明代是风水和宗教盛行的时代，从最高统治者皇帝到王侯将相及各品官员都是膜拜者，作为一方统治者的马家土司也不例外地奉行，所以良玉陵建在三教寺庙宇之后就是很自然的选择。

第二，从我国古代孝敬观的"儿孙满堂、生死合一"来看，三教寺良玉陵就是真墓。在整个秦良玉陵园一共有20余座坟墓，除了秦良玉坟墓外，还有其兄弟邦屏、民屏，其子马祥麟、媳张凤仪，其孙马宗大等。在古代的我国，孝道是非常重要的，无后和妻离子散都是不孝的表现，而生前儿孙满堂和死后葬身一处是古代忠孝的较高理想，作为土司世家，他们是可以做到这一点的。

第三，传说秦良玉有48墓，这其实表现了人们对她近乎神灵般的崇拜。是否真有48墓很值得怀疑，建48墓的心理无非是因为真坟有宝藏，其余47墓都是为了防盗墓贼，因此以假乱真，掩人耳目。

第四，根据明末清初川内外诸多名人的诗词歌赋也可以证明这一点。如明观察使高作霖的《过三教寺秦夫人墓》、进士翁若梅的《次僧净石拜秦夫人墓韵》以及明大学士蹇义之后、著名僧人和诗人破山的作品都可以明证之。

第五，秦良玉即使真的葬有许多陵墓，即使外人不知道其真

墓，可是她的后裔，至少直系后裔也应在先辈的世代相传下知道秦良玉的真墓，而会在传统的春节和清明节去祭祀。而现在秦良玉的直系后裔在春节期间就是到三教寺的陵墓祭拜，这也证明了真墓就在此。

延 伸 阅 读

　　秦良玉一生戎马40余年，足迹遍及长城内外、大江南北、云贵高原、四川盆地，多次立下了赫赫战功。秦良玉是我国历史上唯一单独载入《正史·将相列传》的巾帼英雄。

万年古墓的六大悬念

挖掘"东胡林人"遗址

2003年10月19日，经国家文物局批准，由北京大学考古文博学院和北京市文物研究所组成的由考古、环境、地质及科技考古等多学科人员参加的考古队在多次调查的基础上，对"东胡林人"遗址进行了第4次正式发掘。

经过一个多月的堪探发掘，考古工作者在挖掘现场的东胡林

人墓葬内发现了一具尸骨，骨架形态安然，头骨微向右侧偏斜。经过初步鉴定，该骨架长约1.65米，整体宽度不到0.5米。考古学教授说："目前已经找到这具人体骨架上的100多块骨头，如此完整的早期新石器时代人体骨架是很少见的。"

在场的中国科学院古脊椎动物与古人类研究所研究员指出，在尸骨的鼻骨与嘴唇之间放有一块玉石，经初步鉴定为方解石或冰川石。对这块神秘玉石因何放在这个部位的解释还有待研究。专家强调："目前中国发现的古人类骨架并不多，完整的骨架更为罕见。东胡林人生活在由旧石器时代向新石器时代过渡的时期，这具完整的人骨架能为华北地区的人类谱系提供更多的资料依据。"

这次考古出土除了一具完整的尸骨外，还有包括石器、陶器、残存人骨、动物骨骼等在内的一批重要遗物，又发现了多处人类烧火的遗迹。从多种迹象分析来看，这些烧火的遗迹应该是当时人类所使用的火塘，这表明新石器时代的北京人已开始使用火塘。迄今为止，在华北地区发现的距今10000年前后的遗址已有几处，但是其中既发现有烧火灶址，又见石器、陶器及墓葬的仅东胡林一处。

根据专家推测，东胡林人活动区域的植被类型主要是针阔混交林，东胡林人的经济活动主要以采集、狩猎为主，狩猎对象主要为鹿类动物。东胡林人生活的时期，北京地区的年平均气温可能比现在略偏高。在这次考古中发现的一些紫游螺，不仅表明东胡林人具有较好的审美意识，也表明东胡林人进行贸易交换活动的范围可能已经到达渤海湾地区。

在发掘现场，考古学家用竹签在尸骨的周围勾画出墓葬的基本形状，同时指示出墓葬的开口处位于紫色土层内，该土层正是东胡林人生活时期的地质层段。"这是一座保存完好的新石器时代的早期墓葬，是有东胡林人遗址研究以来第一次通过科学发掘手段获得的有明确地层关系的墓葬。"

东胡林人墓葬的六大悬念

悬念一：这个东胡林人是怎样死去的？是自然死亡还是死于非命，这给世人留下了想象的空间。

悬念二：这具尸骨的性别是什么？北京大学考古系郝守刚教授说："要对尸骨的头骨、骨盆和牙齿做科学鉴定之后才能定论。"

悬念三：尸骨的头部朝向说明什么？这次出土的尸骨头部朝东南方，专家说："可能与部落氏族的信仰有关，另外太阳东升西落也是尸骨朝向的因素之一。"

悬念四：该地的东胡林人究竟住在哪儿？到底他们是住在山洞里还是石屋或其他地方仍然是个谜。

悬念五：该东胡林人从哪儿来？他们究竟是从南部部落迁移而来，还是北方部落的成员，到目前还不得而知。

悬念六：东胡林人是怎样适应当时的地质环境的？根据地质学的鉴定，东胡林人所处的时代正是旧石器时代向新石器时代过渡时期，此次发掘说明在历史上的冰川运动时期，北京地区曾经有人类活动。

东胡林人的考古价值

中国科学院黄土与第四纪地质国家重点实验室认为：东胡林人可以说是北京地区新石器时代古人类的鼻祖。这次发掘成功就在于第一次发掘到了该时代保存完整的尸骨，同时发掘出东胡林人的工艺品、饰物、石器以及东胡林人用来烧煮食物的火塘，这

在中国考古历史上尚属首次。

中国科学院古脊椎动物与古人类研究所教授认为："这次东胡林人遗址的发现，无论在国外还是在中国都很少，在华北地区更是第一例。东胡林人的发现实际上解决了考古学的一个疑问，就是在18000年前的山顶洞人之后，北京地区在10000年前还是有古人类生活的。"

北京大学古生物学与地层学教授郝守刚认为："世界范围内对于人类在13000年前至8000年前的活动状况的研究一直缺少好的标本，也是世界考古的一道难题。对此具东胡林人尸骨的考古鉴定，将为我们考古研究提供重要的资料。"

保存完好的东胡林人遗骸的发现和研究，不仅能为了解"北京人——山顶洞人——现代人"的演化进程及其谱系提供科学依据，而且对于认识新石器时代早期人类的经济方式、食物结构及环境变化对人类自身发展演化产生的影响也有重要的科学价值。

延 伸 阅 读

　东胡林人遗址位于北京市门头沟区斋堂镇东胡林村西，永定河支流清水河北岸的二级阶地的马兰黄土上，这处遗址是1966年北京大学地质地理系同学在门头沟区实习期间发现的。

最大古墓秦始皇陵

"千古一帝"秦始皇

公元前230年至公元前221年，秦国先后灭韩、赵、魏、楚、燕、齐6国，39岁的秦始皇完成了统一中国的霸业，建立起一个以汉族为主体统一的中央集权的强大国家——秦朝。秦始皇认为自己的功劳胜过之前的三皇五帝，与大臣议定尊号为"皇帝"。秦始皇是中国历史上第一个使用"皇帝"称号的君主，自称"始皇帝"。

秦始皇对中国和世界的历史均产生了深远而重大的影响，被明代思想家李贽誉为"千古一帝"。秦始皇并不像司马迁的《史记》记载的那样只是个暴君，他可以说是我国历史上一位叱咤风云又富有传奇色彩的划时代人物，也是我国历史上第一个多民族中央集权制帝国的创立者。开国几年后，秦始皇开始巡行

天下，制定了前所未有的中央集权制度，更加提高了帝王绝对的地位。此后，他开始积极追求永生。公元前210年，秦始皇东巡途中驾崩于沙丘。

发现秦始皇陵

秦始皇陵位于陕西省西安市临潼县城以东约5000米的骊山北麓。2000多年风雨剥蚀使这座陵墓失去棱角，分明的线条显得较为和缓，但庞然卧踞的偌大规模和俯瞰平川的恢宏气势依然令人感受到"千古一帝"的威严。这是中国历史上第一座皇帝的陵墓，也是人类历史上规模最大的帝王陵墓，陵墓中埋藏的珍宝价值更无疑是世界考古史上最大的未知数。秦始皇的遗体安置于铜棺中，棺上有木头的部分则涂漆防腐。

以上所叙都明白记录于文献上，只是当时是否有官员殉葬，还是一个谜。《史记》记载二世皇帝胡亥下令"先帝后宫，非有子者，出焉不宜，皆令从死。"以秦始皇有生子女的后妃不过10

多人的情况来看，殉葬的妃嫔大概在200名左右。二世皇帝的残暴较之秦始皇，真是有过之而无不及。秦始皇的地下陵墓，如一个缩小的世界，里面有日月星辰和大地山河，配置得惟妙惟肖。《史记》上记载："以水银为百川江河大海。机相灌输，上具天文，下具地理，以人鱼膏为烛，度不灭者久之。"

当时使用了数千吨水银，于地下陵墓中做出百川江河大海，并以机械使水银循环流动，天花板上用宝石拼出天体图，至于人鱼膏可能是用鲸鱼的脂肪加工制成的，能够燃烧很久。

秦二世怕有盗墓者侵入，命令工匠做了很多机关，只要有盗墓者闯入，马上发射如大雨般的箭矢，为了怕机关的秘密泄露出去，阴狠的二世皇帝还把设计机关者和施工者尽数关在陵墓里头，没有一个人活着出来。虽然《水经注》上记载了秦始皇陵墓被项羽率兵攻入，并掠夺了其中的金银珠宝之事，但一直没有得到证实。

到了1985年，中国传出发现秦始皇陵的消息之后，人们才知过去的传说都不是真实的，陵墓中一切仍完好如初。不过，考古学家也发现了一条盗墓者挖掘到一半的通道，令人捏了一把冷汗。

1974年4月3日，住在陕西省临潼县安寨乡的农民杨天发，为了引水到田里灌溉，而挖了一道深井，没想到竟然挖到一个大洞穴，里面是前所未见的兵马俑。杨天发所挖掘的地方，距秦始皇陵墓12000米，附近早已发现过古墓和陪葬墓。陕西的考古学家本以为那一带已经做过十分详尽的调查了，没料到还有一个兵马俑坑的存在。此墓在任何历史文献上都没有记载，但事实就是事实。

这个发现在世界上造成很大的轰动，经过数年来的调查，已经证实是始皇陵的附属设施。兵马俑坑位于地下5米处，里头有以秦始皇亲卫队为模特儿塑成的陶俑。共有3个坑，1号坑主要是配置战车的步兵团，2号坑是步兵、战车和骑兵组成的混合部队，3号坑只有一辆战车和64名士兵，是统帅营的仪仗或护卫部队。

秦始皇陵的四大谜团

据《史记》记载，公元前212年，"立石东海上朐界，以为秦东门。"在今江苏省连云港市西南的朐县海上竖立起了帝国的东大门。2000多年来，从来没有人把它与建造秦始皇陵这两项同时进行的工程联系起来做过思索。直至秦始皇陵兵马俑发现之后，有心人才猛然发现，那座"秦东门"的位置，恰好正东对准秦都咸阳与秦始皇陵东门大道。咸阳——秦始皇陵——秦东门恰好位于同一纬度！

怎么看待这一令人震惊的事实呢？也许是极偶然的巧合，但更有可能是精心设计的安排。以及一律面向东方肃立的兵马俑和整座陵园坐西朝东的总体设计，以及秦始皇好大喜功的性格和终其一生对东方蓬莱仙境的极度向往，把远在1000千米外海滨的

"秦东门"视为秦始皇陵的组成部分应当是有道理的。远在2000多年前，在现代测量仪器远未发明的技术条件下，人们怎么测出这条纬度的呢？人们怎么掌握地球表面高精度测量与计算技术的呢？这是一个神秘的不解之谜！

面对秦始皇陵下一片空旷的原野，可见秦始皇建陵耗用的人力物力财力远远超过古埃及金字塔，为什么这里竟然没有留下一块古代石刻？并不是这位皇帝的一念之差。秦始皇建造陵墓的目的本来就不是供后人瞻仰怀念。他虽有超越一切的无限权力，却不能超越传统文化观念。他同样深信存在"罔象"，这是无法逾

越的障碍。如果造一座巨石陵墓，陵上怎能栽植松柏？怎能让"罔象"危及灵魂安全？

　　秦始皇陵前没有留下任何石刻，原因也并不在于技术能力。我国古代的石刻至少在殷商时期，即公元前16世纪已经出现。秦代早期遗留的石鼓文至今仍陈列在北京的故宫博物院，秦始皇出巡时也曾多次刻石铭功。修建秦始皇陵时更是大规模开采石料，单是秦始皇陵西北不远的今郑庄、砖房村一带，就有一座占地达75万平方米的石材加工场，直至20世纪40年代末，那里仍遗留遍地巨石。但建陵使用的石材统统都被埋入了地下。

为什么连块墓碑也不留呢？原因是我国远古时的"碑"只是竖立在宗庙门前的木柱。秦代还没有在墓前放置墓碑石刻的墓葬风俗。我们知道，在秦始皇之前的战国时期，各国都没有这类制度和风俗。也就是说，秦始皇陵当年还没有墓碑石刻。

延 伸 阅 读

据载秦二世胡亥在公元前207年自杀，以庶人仪葬于秦时的杜南，即今陕西省西安市雁塔区曲江乡曲江池村南缘台地上。秦二世胡亥墓坐落在原坡地带，环境幽僻，迥异于秦汉以来高峻宏伟的帝王陵墓。

原封未动的千年古墓

备受关注的乾陵

我国历代帝陵中，乾陵是最特殊的一个。它位于陕西省西安西北方向的梁山主峰下，建于公元684年，历时23年才修建完成。规模宏大，收藏丰富，合葬着唐高宗李治和大周女皇帝武则天这对夫妇，1000多年来它原封未动。加之武则天名扬天下，妇孺皆知，更使这座陵墓备受国内外关注。

半个世纪以来，发掘乾陵始终是个热门话题，随着我国考古技术的进步，让武则天重见天日的时机成熟了吗？发掘还是不发

掘？什么时候发掘？

1957年，乾陵被公布为"陕西省第一批名胜古迹重点保护单位"。

1961年，国务院又公布它为"第一批全国重点文物保护单位"。50多年来，各级政府不断拨专款进行整个陵园的维护与修葺。

至2004年底，乾陵共接待国内外游客3800万人次。

收藏丰富的乾陵

然而，几乎所有的访客游完之后，都会产生许多的疑惑。乾陵的地宫在哪里？陵寝又在哪里？陵墓里究竟都有些什么宝贝？武则天、唐高宗的遗体还能不能见到？如果就只留下一具尸骨，借用现代化的造型技术复原，能否也让人们重见武则天的真实风采？这其中隐藏的谜团太多了，若能打开，乾陵将会成为世界上最大的、最具观赏性的博物馆。

根据考古工作者对乾陵主峰以下，垂直地宫的局部探测，以及对乾陵附近的陪葬墓的发掘，专家们推测乾陵墓室的结构是由墓道、过洞、天井、前后通道、左右宫殿组成。左边躺着唐高宗，右边躺着武则天。

乾陵地宫里，到底有多少文物呢？经过这么多年的探测考察，一位资深的文物工作者推算：保守一些说，最少有500吨！这还不包括墓道里的那些条石，而那些造型各异刻有文字的条石，也是难得的文物。

在前后通道的两侧，又各有4个石洞，洞里装满了盛唐时最值钱的宝贝。在通向金刚墙的近百米过道两旁，摆满了各种金银祭器。据史书记载，《兰亭序》在李世民遗诏里说是要枕在他脑袋下边。那就是说，这件宝贝应该在昭陵，而不在乾陵。可是，五代耀州刺史温韬把昭陵盗了，但在出土宝物清单上，却并没有

《兰亭序》。那么《兰亭序》会不会是藏在乾陵里呢？

　　唐高宗李治风流倜傥，病榻上草就遗诏，要把他生前喜欢的字画全部随葬入墓，估计书法大圣王羲之的精品，除《兰亭序》之外，都被李治带入了棺椁。

　　而才华横溢的武则天曾写下不少佳作，可在流传至今的《全唐诗》中，只收了她很少一部分诗作，那么多失传佳作是否就葬在陵中？

　　文物专家郭沫若曾对周恩来说过："毫无疑问，肯定有不少字画书籍保存在墓室里！打开乾陵，说不定武则天的《垂拱集》100卷和《金轮集》10卷可重见天日！武后的画像、上官婉儿等人的手迹都能见到，一定是一件石破天惊的大事！"

探讨乾陵的挖掘

　　陕西省考古界老前辈们认为，发掘乾陵的各种条件都具备了，时机也成熟了。几十年来，考古界对南唐二陵、明定陵、法门寺地宫、秦公大墓的发掘中，已经积累了丰富的经验，造就了一支高水平的专业队伍，完全能够胜任对乾陵的发掘工作。

发掘乾陵是陕西省政府几十年来的一种官方行为，在花重金撰写几十万字、有众多科学家参与、异常严密的《唐乾陵发掘计划》中指出：所谓"发掘"，就是在采用密闭系统，阻隔空气流通的有效措施下，只允许两个携带有氧呼吸设备的无菌工作人员或机器人进入墓道，用微光摄像器材采回资料就算发掘成功。

乾陵具有全国其他帝陵目前都不具备科学发掘的5个条件：知道主墓室的位置，并且准确无误，一打就开；内藏丰富并且证明没有被盗过；花重金撰写的发掘方案，和经多方考证的征求意见稿；几十年不间断的上书中央，已引起高端重视；可以证明帝陵正处于损坏之中，而要立即进行抢救的资料。

在科学发掘乾陵的客观环境已经成熟的情况下，"震国之宝"的早日面世，可将对盛唐的研究推向一个中西文化比对的高潮，提升中华民族在国际上的声望，更可以有力地促进"西部大

开发"，繁荣我国的旅游业。

经济学家和文物工作者们预测，只要乾陵一开，陕西省每年最少可增加500万游客，这将会带来巨大的经济效益。而这500万游客又将会促进西部的大开发。但是至今乾陵还迟迟没有开始挖掘工作。

延 伸 阅 读

在我国历史上，挖乾陵一事早已有之。在长达1200多年的历史中，有名有姓的盗乾陵者，就有17人之多，比较大的盗掘活动有3次，但这3次都因各种原因中途停止而未盗成功。

埃及法老塞提墓室秘道

墓室隧道的尽头

2010年7月，埃及考古学家宣布，他们已完成埃及法老塞提一世墓室隧道的挖掘工作，在这个有着3300年历史的法老古墓中，出土了一批具有重要考古价值的文物，并最终揭开了众多关于这条隧道的谜。

此次挖掘工作开始于2007年，在3年时间内，考古人员将大量

碎石和文物通过轨道车运到地面。考古小组经过3年的挖掘，突然
美国国家地理学会驻会探险家被一堵墙挡住了进程。考古人员认
为，古埃及人在卢克索附近的帝王谷岩石中开凿了一条深达174米
的隧道后，突然停止了工作。

　　埃及古文物最高管理委员会主席，扎希·哈瓦斯认为，开凿
工作始于塞提一世法老在位期间的公元前1294年至公元前1279
年，不过，上面的墓室当时已经完工。法老塞提一世死后，这项
工作可能就停止了。塞提一世从公元前1294年至公元前1279年统

治着古埃及，在位15年时间。埃及古文物最高管理委员会地区负责人、考古学家穆斯塔法·瓦兹利说："我认为他们当时计划在那里建造另一座地下墓室。这项工作很仓促地停止了。不过，楼梯的保存状况很好，这令人感到惊讶。"

进入墓室通道

在摄于1960年的照片上，有一条用砖砌成的拱道通向埃及法老塞提一世墓室下方的隧道。那时，考古人员还在清理残骸，希望到达藏有宝物的墓室。早在1817年，人们便了解到塞提一世墓

室的隧道，那一年，意大利探险家吉奥瓦尼·巴蒂斯塔·贝尔佐尼在帝王谷内发现并发掘了塞提一世的墓室。

20世纪60年代的挖掘工作仅进入到墓室隧道约100米处。在最新一次探索中，为了深入隧道，考古队采取了多项新的预防措施，最主要一项是用金属材料将隧道顶部支撑起来以防坍塌，就像煤矿开凿隧道采用的方法一样。

法老陵墓剖面图

在剖面图上，古埃及工人正在山中开凿并修饰塞提一世陵墓。由于深深嵌入帝王谷顶高耸的石灰岩质悬崖上，塞提一世墓室是难度最大、也是最值得探索的墓室，同时它还是帝王谷中最华丽、最大的法老墓室。帝王谷还是古埃及法老图特卡蒙陵墓的所在地。在塞提一世墓室下面新发现的楼梯并不是墓室的唯一通道。

2008年，专家宣布他们在塞提一世墓室发现了一条新的隧道，使得这一墓室的长度从100米扩展至136米。在塞提一世墓室墙壁上，数条蛇守候在陡峭隧道的底部。据埃及考古学家穆斯塔法·瓦兹利介绍，这说明隧道可能从一开始就规划好了。因为壁画描述的场景可能跟古埃及《祈祷书》内容有关，在这本书中，一条蛇作为向导，引导善人重获新生。

除了隧道以外，塞提一世墓室其他地方都覆盖着浮雕。不过，考古学家在台阶上发现了红色涂鸦以及看似设计师的提示，大意是：把门轴向上移以扩宽通道。从古埃及第十八王朝开始，人形塑像就成为法老墓室的必备陪葬品，在新发现的隧道中就找到了这样的人形塑像。塞提一世是第十九王朝的第二个法老。

人形塑像通常数百个一堆被发现，古埃及人认为，这些塑像

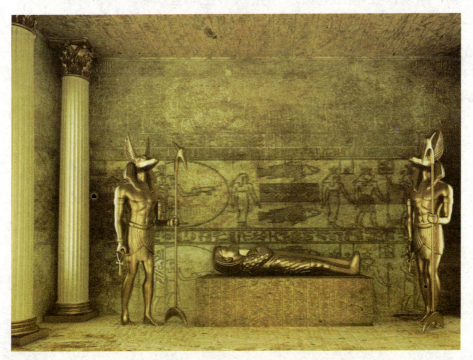

是在后世服侍法老的农民和其他劳工的化身。塞提一世墓室中发现的人形塑像年代可追溯至第十九王朝，考古人员在它们的旁边还发现了同一时期的陶器。

塞提一世秘道深处

在塞提一世墓室下面新发现的楼梯并不是墓室的唯一通道。2009年8月，埃及古文物最高管理委员会主席扎希·哈瓦斯爬到了新发现的塞提一世秘道深处，发现这条未完工隧道一定程度上揭开了一个考古之谜。

埃及考古学家穆斯塔法·瓦兹利说："我们希望能找到塞提一世藏起来的宝物，这是我们挖掘工作刚开始的想法。不过，当我们利用高科技仪器到达隧道的尽头后，没有再发现任何有价值的文物，所以，我并不认为他们遗留了什么东西。"

延 伸 阅 读

塞提一世是古埃及历史上最伟大的法老——拉美西斯二世的父亲，塞提一世的陵墓于1817年被意大利考古爱好者贝尔佐尼在帝王谷中发现。塞提的木乃伊被认为是在皇家木乃伊中保存的最好的，令人不解的是，他的木乃伊不是在他的墓穴中找到的，而是1881年在迪尔巴特里的一处储藏室里找到的。

苏丹的小金字塔

苏丹北部的金字塔

非洲给人的印象，除了自然景色壮观、野生动植物众多外，还充满了未知与神秘，比如苏丹鲜为人知的小金字塔。在苏丹北部达米尔和善迪两座城市之间，有一种用红石块建造的小金字塔

坐落在可以俯视尼罗河流域的高地上。这些金字塔有20多座，最大的有30多米高，塔与塔之间相距很近，有的塔基几乎相连。它们的形状和埃及金字塔不一样，塔身陡直，塔基突出部分有一座拱门，里面有一条通道。由于这一带找不到花岗岩，这些金字塔都用砂岩建造，并且内部用砂和碎石填充，不像埃及的金字塔那样完全用石料砌成。

据历史记载，大约在公元前300年，努比亚人的政治和经济中心从纳巴塔向东南迁移，在麦罗埃建成了他们最后一个首都和最大的城市。在城外的两条沙脊上，麦罗埃历代国王和王后们建造了40多座金字塔作为自己的陵墓，每座金字塔前都建有祠堂。但到了4世纪，麦罗埃逐渐衰亡，小金字塔也无从考查了，直至19世纪后期才被考古学家重新发现。

专家学者的争论

学者菲力普斯认为，这些苏丹金字塔和埃及金字塔的作用一样，是公元前3世纪开始的麦罗埃历代国王和王后的墓，墓就在塔下面。有人已对该王国首都所在地进行了挖掘工作，并挖出了一个规模巨大的城市遗迹：3条林荫大道和多处贵族住地。这个结论后来受到了挑战。两位法国专家艾赫利和爱乃尔则认为，苏丹金字塔是颂扬埃及主神的巨大神龛，是赞美生活和创造的神庙，与法老陵墓之说毫无关联。他们认为麦罗埃文化深受埃及文化影响，所以苏丹金字塔同样是宗教建筑，而非王朝历代国王和王后的陵墓。

人们普遍认为，在埃及建造巨大的金字塔是把沙子沿塔的四周堆成斜坡，这样工匠们才能顺着慢坡把巨石放到规定的位置上，因而有的学者就认为苏丹金字塔采用了同样的建筑方法。但

是，德国著名考古学家欣克尔博士却认为，麦罗埃金字塔之间的距离很近，不可能使用把沙子沿塔四周堆成斜坡的方法建造。

苏丹金字塔是何人所建的呢

这些苏丹金字塔是何人所建的呢？历史文献没有明确的记载。不少专家和学者当然认为这是麦罗埃人民的伟大杰作，还有的学者仍认为这些金字塔和埃及金字塔一样是"外星人"的杰作，因为至今仍无法想象古人能建造出如此雄伟、奇特的建筑物。

山东大学博士齐涛在《外星人之谜》一书中，认为"外星人"并没有光顾过地球，"外星人"实际上是人类的"先人"。既然地球上没到过外星人，那苏丹和埃及的金字塔为什么会突然出现？为什么会缺少一个文明之前的过渡时期？

齐涛认为，大理冰期和冰后期的洪水是解释这一问题的两个关键。从现代地质史上可以看到，人类的发展史几乎与第四纪冰期的发展史一致。

　　据地质学研究，在18000年前达到盛期的大理冰期，冰川的扩张使海平面下降了100多米，这样，大陆架上的相当一部分地区"沧海变成桑田"。

　　由于全球性气候干燥与寒冷，我们的祖先们便会更集中于海滨河口或其他相对湿润温暖的沿海地区。这样，在欧、亚、非三洲之交的地中海谷地、西亚的波斯湾谷地、东南亚的马来半岛、我国的黄海和东海沿岸都孕育和出现了人类文明的繁荣时期。

　　但是在10000年前左右，地球气温上升了8摄氏度至10摄氏度，

这直接的后果是冰川溶化，造成一场洪水大灾难，数万年以来一直裸露的大陆架遭到灭顶之灾，这些文明的光芒被淹没了，人类又重新开创自己文明的新纪元。对于他这一新观点，看法不一，争论并未停止。

延 伸 阅 读

卡拉夫王的继位者孟卡拉王，同样在基沙修建了金字塔，不过规模比前者小，底部边长只有108米，高度也只有67米，实际体积仅及胡夫王金字塔1/10，而且所用的石块较重，雕琢较粗糙，可能是在仓促下建成的。

沙丘状的巴林万坟岛

世界最大的冢林

万坟岛位于1971年获得独立的巴林境内，巴林是波斯湾上的一个岛国，靠近阿拉伯海岸，面积仅669平方千米，人口40万，由33个小岛组成。主岛巴林岛面积562平方千米，岛上坟墓超过了17万座，被称为"万冢之岛"。

这是世界上最大的史前冢林，盘踞在巴林岛北部，位于首都麦纳麦以西，占地30多平方千米。从飞机上俯瞰，这些排列整齐的人工土丘，如同海浪一般在大地之上连绵起伏。

巴林古墓的特点

1879年，英国人初次挖掘，才知道这些土丘是坟墓。这些坟墓一层叠一层，最高达10米。古墓的历史上限在公元前3000年的青铜器时代。

由此推断，几千年来，前人之墓被泥沙埋没，后人复葬其上，从而形成这种令人称奇的景观。而在坟层之下和坟林附近，还发现了古人聚居的村落和城镇的遗址。巴林古墓有两类：多数是单墓，比较简陋，可能是葬平民的；双墓并葬的不多，大概葬的是上层人物。双墓的坟头高出地面4.6米，直径20米，陪葬品甚为丰富，除了羊、羚羊、狗等动物的骨殖，大量的条纹陶罐、红釉花瓶、金属矛头、匕首外，还有黄金制的辟邪佩物、刻有精细花纹的青铜器、银器、鸵鸟蛋壳制的饰物，以及象牙制的小盒子等。地下埋着的两座城市遗址同4000多年前的巴比伦城一样古老。表层出土的晚期文物，有印度的陶器，地中海沿岸的天青石制品，东非的象牙制品，我国的灯碗、古钱等，说明当时对外贸易非常发达。

巴林的历史

虽然巴林没有留下史书，但从阿拉伯各国的古籍中可以看出，在公元前3000年前后，这里已有原始形态的国家组织，即狄尔蒙国。后来，这里经常发生战乱，致使城镇遭遇毁灭性的打击。再后来，巴林先后沦为葡萄牙和英国的殖民地，直至1971年

才获得完全独立。

　　巴林的历史跌宕起伏，几度兴盛，又几度衰落，那一层叠一层的坟墓之下所埋藏的千古之谜，到底何时才能被解开？

延　伸　阅　读

　　公元前2795年至公元前2739年，两河流域的苏美尔人企图打通波斯湾到印度洋的商路，故而数次摧毁了古狄尔蒙国的都城，致使这里的文明被毁灭，很久以后才有了新的城市。

汉墓女尸为何不朽

出土"巨人观"女尸

马王堆汉墓位于湖南省长沙市区东郊4000米处的浏阳河旁的马王堆乡。1972年，马王堆1号汉墓出土了一具女尸，是一具非常罕见独特的尸体。虽然历经2000多年，但是她的外形依然完整，全身润泽，部分关节可以活动，软结缔组织尚有弹性，几乎与新鲜尸体相似。这一考古新发现曾经轰动了世界，它既不同于木乃伊，又不同于尸蜡和泥炭鞣尸，而是一具特殊类型的尸体，

是防腐学上的奇迹。其实古尸并不是没有腐败，而是腐败到一定程度被就中断而保存下来。展现在观众眼前的是一具"巨人观"的女尸，就是墓主人死后早期腐败的现象。

人死之后，由于缺氧，细胞发生溶解并导致组织自溶，尸体内的细菌与外来的细菌在尸体内急剧繁殖，并分泌大量的分解有机物的酶，而引起尸体腐败。腐败过程中产生大量的气体，挤压全身的组织内脏器官，使尸体出现肿胀、张口、伸舌、眼球突出、肛门脱出等现象。法医学称这些早期腐败的现象为"巨人观"。如果死者是孕妇发生了"巨人观"，气体压力可能将胎儿挤出阴道，叫内分娩。当然这具50多岁的轪侯夫人不存在这个问题。

经过对女尸的病理解剖检查，发现死者生前患有冠心病、多发性胆石症、全身性动脉粥样硬化症，右上肺有结核病灶，右前臂曾经骨折，在直肠和肝脏内有鞭虫卵、蛲虫卵和血吸虫卵，一只胆囊先天畸形。女尸的多种病变为研究古病理学、古代疾病史和我国医学发展史提供了宝贵的科学资料。经鉴定，死者血型为A

型，曾生育过，由此印证史书中记载的她有两个儿子的事实。那么她是怎么亡故的呢？经分析，该女尸皮下脂肪丰满，皮肤没有褥疮，无高度衰老迹象，故应为突发急病而死。从病症推断与解剖发现，她的食道、胃及肠内有甜瓜子130多粒，死亡时间应在夏天，可能是吃了生冷甜瓜后引发胆绞痛，由此诱发冠状动脉痉挛，导致严重心律失常而猝然死亡。经鉴定，女尸不朽的原因主要是尸体的防腐处理好、墓室深、封闭严、隔绝了空气等。

墓主人身份之谜

在男尊女卑的封建社会里，一个妇道人家亡故后为何获得如此殊荣的隆重厚葬？据史记载：公元前202年，刘邦建立西汉，其疆域辽阔，为稳固天下分封了7个异姓王。后来这些诸侯随着势力的发展严重危及了中央集权统治，于是刘邦以种种借口除掉了他们，以自己的亲戚代之。

然而，刘邦对长沙国的异姓王吴芮却迟迟未下手，原因是长

沙国南边有一个军事实力较强的南越国。为保住这个战略要地，刘邦既要笼络长沙国，又要防止长沙国叛乱，便施谋略派利苍到长沙国监督吴芮，利苍被封相且封侯。利苍死后他的儿子利扶继任爵位。据此推断，轪侯夫人之所以能得到厚葬，是他的儿子利扶为了尽孝道而为之。史料还记载了利扶是最后一代轪侯，因其触犯汉朝法律，被剥夺了世袭的爵位，从此便在历史上消失了。

延 伸 阅 读

　　江苏省泰州发现一个明代古墓，女主人五官分明，甚至眉毛都清晰可见。其尸体之所以不腐烂，是因为尸体处在一个密封的空间里，隔绝了空气，微生物又相对较少所致。

我国金字塔是祭坛吗

我国的金字塔

众所周知，在古埃及有世界奇迹金字塔，如果说起我国也有金字塔，恐怕不大令人信服，但这是真的。

在辽宁省西部山区发现5000年前的女神庙积石冢群以后，人们期待着能有更惊人的发现。果然没有让人们失望，几年后，在这个5000年前的神秘王国，也就是牛河梁红山文化遗址，又发现

了一座5000年前的圆锥形"金字塔"式建筑和红山文化时期的冶钢遗址，还出土了一批很有研究价值的玉雕。

金字塔的结构特点

在距离女神庙1000米的地方，有一座小土山，山上到处散布着带有红山文化特征的"文"字纹彩陶片以及冶钢坩锅片，这个现象引起考古专家的注意。

在1989年夏，经过初步发掘证实，这座土山竟是全部用人工夯筑起来的，地上部分夯土堆直径近40米、高16米，外包巨石，内石圈的直径为60米，外石圈的直径约为100米。夯土层次分明，估计总量在数十万立方米以上。

金字塔的形状为圆锥形，小抹顶。土山上面用3圈石头围砌起来，每一层石头伸进去10米，高度为1米，山下面亦用3圈石头围砌起来。金字塔顶部是冶钢遗址，有1500个炼红铜的坩锅。坩锅约有0.4米高，锅口直径约0.3米，整个坩锅像现代人用的水桶一般大小。

在大金字塔周围，还有30多座积石冢，这些积石冢都是圆锥形、大抹顶。这里和古埃及的金字塔相比，布局是一样的。古埃及也是以大金字塔为中心，周围是小金字塔群。

金字塔是帝王陵吗

这些巨型"金字塔"式建筑物的作用是什么呢？它也是帝王的陵墓吗？有的认为这可能是辽西原始文明古国的祭坛，也有人推测是王者的陵墓，众说纷纭，莫衷一是。

考古工作者对围绕在大金字塔周围的小金字塔群进行了部分发掘，出土了大批玉器，收获很丰富。

一座积石冢的中心大墓里出土了一具完整的男性骨架，头部有两个大玉环，胸部佩戴着双龙相交的勾云形玉佩，头的上部有玉箍，腕部有玉镯。特别令人感兴趣的是，死者双手各握一玉龟，一雌一雄，相

配成对。

有人认为，玉龟可能是一种权力的象征，死者可能是个仅次于王者的首领人物。也有的人认为，玉龟可能是当时氏族部落集团的图腾崇拜物或保护神。

在另一座积石冢中也发现了20余种玉器，墓内也是一具男性骨架，身高1.8米左右。他的头上横置着玉箍，左右肩和手腕等处皆佩置玉环，腰的下部则是一个玲珑剔透的大猪首玉饰，猪的两只大耳特别夸张。在死者的胸部，佩戴了一只碧绿色玉乌龟，令人惊奇的是乌龟无头无尾无足，浑然一体，这是什么意思呢？

延 伸 阅 读

红山文化以辽河流域中辽河支流西拉沐沦河、老哈河、大凌河为中心，分布面积达20万平方千米，距今五六千年左右，延续时间达2000年之久。红山文化的主要社会结构是以女性血缘群体为纽带的部落集团。

失踪千年的楼兰美女

美女的相貌特征

在新疆孔雀河下游的铁板河三角洲，曾发现一片墓地，墓中出土了一具中年女性干尸，体肤指甲保存完好。她有一张瘦削的脸庞，尖尖的鼻子，深凹的眼眶及褐色的披肩头发。

她身上裹一块羊皮，毛织的毯子，胸前毯边用削尖的树枝别

住，下身裹一块羊皮，脚上穿一双翻皮毛制的鞋子，头上戴毡帽，帽上还插了两枝雁翎，透过木乃伊，仍可以找出死者生前典型的新疆美女特征，因此被世人称为"楼兰美女"。经用她身上的羊皮残皮做碳-14鉴定，表明是一具距今3800年的古尸。她是谁？为什么会在这荒无人烟的地方？这成为考古界的谜。

历史上的发现

根据科学测定，该女子死时为45岁左右，生前身高1.57米，现重10.1千克，血型为O型，出土时她仰卧在一座典型风蚀沙质土台中，墓穴顶部覆盖树枝、芦苇，侧置羊角、草篓等。发长一尺有余，呈黄棕色，卷压在尖顶毡帽内，帽插数支翎，肤色红褐色富有弹性，眼大窝深，鼻梁高而窄，下巴尖翘，具有鲜明的欧罗巴人种特征。

有关学者的说法

曾经显赫一时的楼兰美女与楼兰古国一起消失在大漠黄沙中，关于楼兰古国消失之谜一直是众说纷纭，没有定论。

据有关学者考证，共有以下说法导致了楼兰古国和楼兰美女的消失：

一是楼兰消失于战争；二是衰败于干旱、缺水，生态恶化；三是与罗布泊的南北游移有关；四是与丝绸之路北道的开辟有关；五是被瘟疫疾病毁灭；六是被生物入侵打败。当时，一种从

两河流域传入的蝼蛄昆虫，在楼兰没有天敌，生活在土中，能以楼兰地区的白膏泥土为生，成群结队地进入居民屋中，人们无法消灭它们，只得弃城而去。

延 伸 阅 读

碳-14是碳的一种具放射性的同位素，生物在生存的时候，由于需要呼吸，其体内的碳-14含量大致不变，生物死去后会停止呼吸，此时体内的碳-14开始减少。人们可透过测一件古物的碳-14含量，来估计它的大概年龄。

楼兰美女是自然干尸吗

田琳研究员的发现

新疆博物馆长期从事古尸处理和研究的人员田琳，在对"楼兰美女"进行保护处理时，意外发现她身上有蛋白质类涂敷物。只是因为这层涂敷物涂得比较薄，又历经了3800年的岁月沧桑，所以很难被人发现。

文物专家这一新发现，初步否定新疆古尸是自然干尸的公认

论断，引起了国内外有关专家的极大关注。

楼兰美女的特征

楼兰美女是我国最古老、保存最完好的女性干尸。这具干尸还是我国目前寄生虫学研究中，保存的最早的实物标本，考古工作者给其冠以"楼兰美女"的美称。

医学专家对楼兰美女的尸体解剖发现，其心、肝、肺、脾、膀胱、大小肠、子宫等内脏都有保存，只是变得干硬、萎缩。其头发尚有弹性。肺外形也可辨认，肺泡腔内有成堆的黑色尘粒，反映出她生前处于一个风沙很重的环境。

考古研究员的争论

新疆文物考古研究所的研究员，对沉睡沙海3800年而保存完好的楼兰美女，最早提出了自然干尸论断。

这里气候干旱，多热风沙，使尸体来不及腐烂即已迅速脱水变干，减缓了肌体的氧化；墓地建筑在高于地面7米至8米的高台上，无水淹的危险；墓穴深仅一米，尸体上面的覆盖物为砂土、芦苇秆和红柳树枝，易于透风和水分蒸发；死亡时间在冬季，严寒的气候限制了细菌的活动。

然而，楼兰美女身上的涂敷物，就有可能打破这种论断。有的专家认为，给尸体涂敷某种物质也许是一种葬俗。

而不少专家面对楼兰美女身上的涂敷物，分析当时当地人们已经认识到通体涂敷这种动物性蛋白质，有利于尸体长期保存。

　　这种做法与古代埃及人工精细处理干尸的方式还有某些相似之处。目前，关于楼兰美女是否是自然干尸，还在进一步的研究之中。

延 伸 阅 读

　　1985年，在新疆维吾尔自治区南部的且末县出土了一具婴孩干尸。这具婴尸距今约3000年，年龄不到1岁。婴儿的双眼均盖有长0.03米、宽0.02米的小石片。这是一种保护灵魂免遭散佚的习俗。

韩国古墓中的女干尸

发现古墓中的女干尸

2003年11月，韩国大学博物馆的研究人员公布了对他们去年发现的一具400年前的女干尸的初步研究结果。

这具干尸是在为埋葬新的死者挖掘墓坑时被偶然发现的。这对当地的考古学界来说是一个不小的发现。研究人员被干尸的特殊情况震惊了，这具干尸的肉体、内脏、骨骼甚至子宫内尚未出生的胎儿都保存得相当完好。

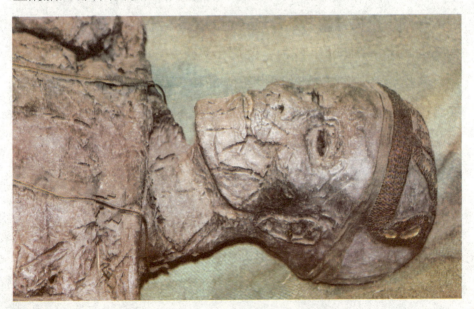

女干尸的身世之谜

这具棺木自从埋葬后就一直没有打开过，里面有70余件衣服和装饰品，包括死者日常生活用品，如梳子、鞋、缝纫用具、假发等。棺材里还发现了几封信，是迄今发现的最古老的韩国文字手写稿。棺材上还帖有"家之棺"的标签。一封信上写着当时李姓国王的一个情妇的名字，最特别的是这封信的一页上记下了死者去世的年月：1566年12月，阴历十月。

这些让韩国考古界对16世纪服饰和丧葬习俗的研究也取得了显著的成绩，包括特殊的埋葬方法和棺木的制造组装方法。尽管如此，另外一些问题还远远没有答案。

棺材里的女人到底是谁？根据对尸体的医学检查，她大概25岁，在偶然的一次回娘家时，死于难产。根据她写的信，她可能是王后哥哥的一个孙女。但是，她死后并未迁回到丈夫那里安葬，可能证明了它的另外一种身份，她有可能是她父亲的情妇生的女儿。

女干尸保存完好的秘密

这具干尸最吸引人的秘密是，她在430多年的时间里没有自然腐烂并且保存相当完好。尽管现在就要求给出合理的答案为时尚早，负责干尸解剖的韩国大学医学研究中心病理学者博士还是谨慎地提出了自己的解释：

这具女干尸之所以能够保持如此完好，是死者死时的气候条件和早期的埋葬习俗共同作用的结果。

12月寒冷的气候和死者厚厚的装裹，在死后的3个月里有效地阻止了细菌的入侵。双层结构的棺木，并且涂有一层石灰泥，完全阻止了氧气的进入。

死者的衣物产生的一种酸性物质使棺材内厌氧细菌的含量增加，使尸体不会腐烂并且保持完好。

在死者心脏部位发现了厌氧细菌的孢子，这为解释尸体自然木乃伊化提供了重要线索。而酸性的土壤，变化无常的气候，尤其是没有用人工方法保存干尸的传统，使韩国不是一个木乃伊干尸的多发现区。

女干尸的研究价值

这一发现将改变对早期李朝文化和埋葬习俗的传统看法，并且能够提供了解人类尸体自然木乃伊化过程的关键性信息。这是在木乃伊干尸被列为韩国学术研究的一个专门课题后的第二次重大发现。

韩国大学博物馆还出版了一年来对这具女干尸研究的两卷论文集，包括考古学研究、医学研究、地理学研究和传统丧葬习俗研究等几方面的研究论文。

韩国大学博物馆馆长在新闻发布会上说："作为第一次由人文科学和自然科学共同研究的课题，对这具干尸的研究将大大提高我们对早期李朝人们日常生活和文化的认识。"

延 伸 阅 读

韩国最新挖掘出一具500多年前的木乃伊，墓室中最珍贵的物品是带有复杂装饰的手提包。韩国首尔民族文化研究协会的研究人员认为，这位女性死者可能是高等级政府官员的妻子，她生活在16世纪的朝鲜。

尼雅古墓里的千年干尸

发现墓地里的千年干尸

干尸，过去称作"木乃伊"。其实，干尸与木乃伊有所不同。木乃伊是人工制作，干尸是自然形成。在尼雅遗址的古墓中，经常发现干尸，成为尼雅的一绝。而且尼雅遗址发现的干尸，尸体没有经过任何防腐的处理，完全是靠自然条件而形成。

1993年尼雅考察中，在佛塔营地以北的墓地，发现了3口"独木棺"，棺中的尸体都程度不同地变成了干尸。在弓形的独木棺中，躺着一个妙龄的少女，她屈肢侧卧，穿的衣服清楚可见，内穿丝绢衬衣，外罩红色羊毛短裙，尸体大部分完好，被考察队称之为"红衣少女"。

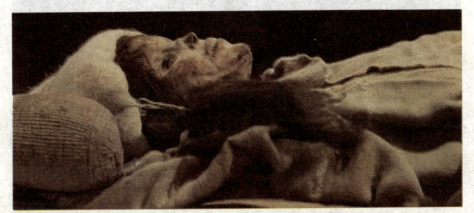

在佛塔以东的另一个墓地，也发现了干尸。其中以一具女尸保存较好，她黑发披肩，眉目清秀，细长的柳叶眉，仿佛刚刚描过，是一个20多岁的女性。面部的肌肉变化不大，似有弹性；另一具男尸，胸腔以下已经烂掉，但是头颅保存尚好，长得浓眉大眼，胡须尚在，一头黑发依然如故，是一个中年人。

尼雅干尸形成的原因

尼雅为什么会有这么多干尸呢？尸体的腐烂，是细菌微生物作用的结果。细菌微生物的存在和活动，必须具备一定的温度、湿度和空气。但是，特别干燥的地方和没有空气的地方，细菌微生物也难以生存。尼雅地区古代干尸的存在，是塔克拉玛干沙漠中干燥的气候所造成的。

由于塔克拉玛干沙漠异常干燥，尸体在烈风、强光、高温的作用下迅速脱水。于是尸体都呈现干瘪的状态，体瘦如柴，皮层收缩，紧贴骨架。

在细菌微生物没有产生以前，尸体即完全脱水，便使细菌微

生物失去了生存的条件，于是，尸体变成干尸保存了下来。除尸体以外，尼雅地区其他的文物能够完整地保存到今天，都与极端干燥的气候有关。

尸体保存程度不一的原因

尼雅墓葬中的干尸是尸体中的一部分，还有一部分尸体完全腐烂掉，只剩下白骨和黑发。同在尼雅地区，为什么会有此不同呢？这其中还有许多的原因。

塔克拉玛干沙漠，总的来说是气候非常干燥，降雨量很少，但是每年的降雨量并不完全相同。据现代气象学家的考察研究，塔克拉玛干沙漠中的年平均降雨量只有25至50毫米，然而有的年份一天的降雨量却达252毫米，最多时竟达到735毫米。

在降雨量少的年份，埋葬的尸体就容易变成干尸；降雨量多的年份，埋葬的尸体就容易烂掉。在一年之中，是干季埋葬还是湿季埋葬，对于尸体的保存也有不同的影响。就每具尸体的具体情况而言也不完全相同，在相同的气候条件下，肥胖的人体内含水量比较高，就容易腐烂；干瘦的人体内的含水量比较低，就不

容易腐烂。

在墓地现场观察的结果表明，同一具尸体的不同部位，保存的结果也有很大的不同。

有的尸体胸腔、腹腔完全烂掉，而头颅和四肢却保存较好。这是因为胸腔和腹腔中的含水量比头颅、四肢要多的缘故。

由于上述种种原因，使古代尼雅墓葬中的尸体出现了千差万别。有一部分尸体变成了干尸，有的尸体完全烂掉，有的尸体是半具干尸，并不是所有的尸体都变成了干尸。

延 伸 阅 读

2011年11月，在秘鲁的曲斯皮坎奇省南部城市安塔瓦伊利拉发现两具疑似外星人的干尸。其中一具的头骨巨大，长度和下面的身体相当，该头骨上面深陷的眼窝比正常人大很多，嘴部长有两颗巨大白齿。

亚曼拉公主的无穷魔力

厄运的开始

3000多年前的古埃及，有一位叫亚曼拉的公主去世之后，其遗体按照古埃及习俗被制成了木乃伊，葬在尼罗河旁的一座墓室之中。1890年末，4位英国年轻人来到埃及，当地的走私犯子向他们兜售一具古埃及棺木，棺木中就是这位亚曼拉公主的木乃伊。

4位英国人经过一番商量，决定由其中最有钱的那个人以数千英镑的高价买下这具木乃伊。从此，这位在古埃及历史上默默无闻的公主便给许多人带来了一连串离奇可怕的厄运。

买下木乃伊的那位英国人将棺木带回旅馆。几个小时后，这位买主竟然无缘无故地离开了饭店，走进附近的沙漠，从此消失了

踪影，再也没有回来。第二天，他的一位同伴在埃及街头遭到枪击，最后不得不将手臂切除。剩下的两个人也都先后遭到了厄运。其中一人回国后无缘无故地破产；另外一人则生了重病，最后沦落在街头贩卖火柴。

厄运的蔓延

这具神秘的木乃伊后来还是被运回了英国，沿途依旧怪事不断。运到英国本土后，一位钟爱古埃及文化的富商买下了这具木乃伊。不久后，富商有3位家人在一场离奇的车祸中受了重伤，豪宅也惨遭火灾。在经历这样的变故之后，这位富商只好将这具木乃伊捐给了大英博物馆。

亚曼拉公主的魔力还没进大英博物馆便已经开始出现征兆。在载运木乃伊入馆的过程中，载货卡车失去控制撞伤了一名无辜的路人。然后，两名运货工人将公主的棺木抬入博物馆时，在楼梯间棺木失手掉落，压伤了其中一名工人的脚，而另外一名工人则在身体完全健康的情况下，两天后无故死亡。

亚曼拉公主的棺木后来被安置在大英博物馆的埃及陈列馆中。在陈列期间，夜间的守卫报告说，常常在她的棺木附近听见敲击声和哭泣声。更有甚者，连陈列室中的其他古物也常发出怪声。不久之后，一名守卫在执勤

时死去，吓得其他守卫打算集体辞职。

因为怪事层出不穷，最后大英博物馆决定将木乃伊放入地下贮藏室。然而一个星期还没过完，决定将木乃伊送入地下室的博物馆主管又无缘无故地送了命。

有一位报社的摄影记者特地深入地下室，为这具木乃伊拍照，结果却在其中一张照片上洗出了可怕的人脸。第二天，这名摄影记者被发现在自己家中开枪自杀了。

不久以后，大英博物馆将这具木乃伊送给了一位收藏家，这位收藏家当即请了当时欧洲最有名的巫婆拉瓦茨基夫人为这具木乃伊驱邪。

经过了繁杂的驱邪仪式后，拉瓦茨基夫人宣布这具木乃伊上有着"大量惊人的邪恶能量"，并且表示要为这具木乃伊驱邪是不可能的事。

最后，拉瓦茨基夫人给这位收藏家提出忠告：尽快将它脱手处理掉。

厄运的沉没

当时已经没有任何博物馆愿意接受亚曼拉公主的木乃伊了，然而，一位不信邪的美国考古学家仍然花了一笔可观的费用将她买下，并且打算将她安置在纽约市。

1912年4月，这位亚曼拉公主的新主人亲自护送她，将她运上一艘当时轰动造船界的巨轮。为了慎重起见，他还将她安置在船长室附近，希望她能安安稳稳地抵达纽约。

亚曼拉公主最后上的这艘船就是现在妇孺皆知的"泰坦尼克号"。难道正是这未驱散的邪恶祸及了这艘"不沉之船"，葬送1000余条人命？其中的真假，世人一时难下结论。

延 伸 阅 读

有人认为这个事件中的受害者多数没有实名，缺乏真实性。而且"亚曼拉公主"不应该叫公主，因为古埃及没有公主这称呼，只有法老和祭祀，史籍上也没有亚曼拉公主的记载。